Questionnaire de lecture

Document rédigé par Fabienne Gheysens
Maitre en langues et littératures françaises et romanes
(Université libre de Bruxelles)

Le roi se meurt

Eugène Ionesco

lePetitLittéraire.fr

Rendez-vous sur lePetitLittéraire.fr et découvrez :

- plus de 1200 analyses
- claires et synthétiques
- téléchargeables en 30 secondes
- à imprimer chez soi

Code promo : LPL-PRINT-10

10 % DE RÉDUCTION SUR www.lePetitLitteraire.fr

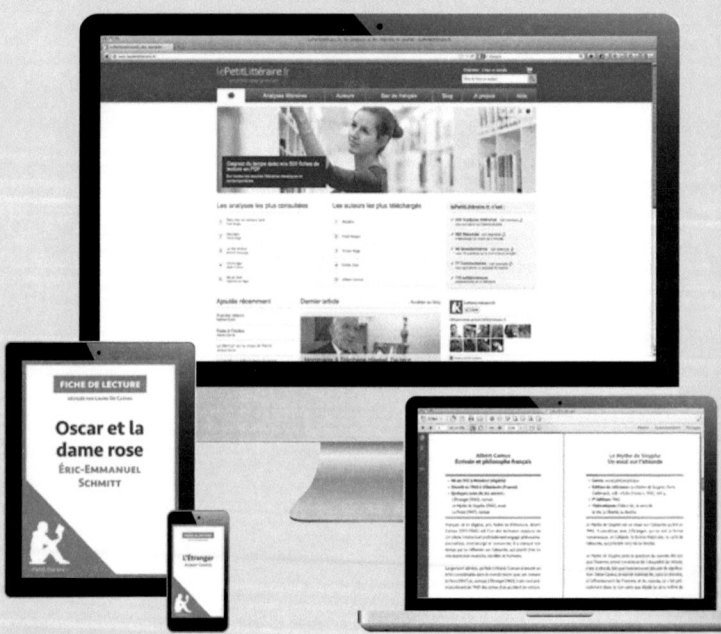

QUESTIONNAIRE 7

CORRIGÉ 10

Eugène Ionesco
Dramaturge et essayiste français

- **Né en 1909 à Slatina (Roumanie)**
- **Décédé en 1994 à Paris**
- **Quelques-unes de ses œuvres :**
    - *La Cantatrice chauve* (1950), pièce de théâtre
    - *La leçon* (1951), pièce de théâtre
    - *Le roi se meurt* (1962), pièce de théâtre

Né d'un père roumain et d'une mère française, Eugène Ionesco (1912-1994) arrive en France un an après sa naissance et sera naturalisé français en 1951. Son œuvre théâtrale (*La Cantatrice chauve*, 1950 ; *La Leçon*, 1951 ; *Les Chaises*, 1952, etc.) a marqué la littérature : il est aujourd'hui l'un des dramaturges français les plus joués dans le monde. Soucieux d'être compris, il a aussi laissé beaucoup de commentaires sur son œuvre (*Notes et contre-notes*, 1962 ; *Journal en miettes*, 1967, etc.). Il fut élu à l'Académie française en 1970.

Ionesco est le chef de file du théâtre de l'absurde, nouveau genre théâtral qui vient, au lendemain de la Seconde Guerre mondiale, bousculer les règles du théâtre classique.

Le roi se meurt
Une pièce marginale

- **Genre :** pièce de théâtre
- **Édition de référence :** *Le roi se meurt*, Paris, Gallimard, coll. « Folio théâtre », 2008, 160 p.
- **1ʳᵉ édition :** 1962
- **Thématiques :** angoisse, mort, destin, royauté, mariage

Le roi se meurt est une pièce de théâtre en un seul acte publiée en 1962. Le titre de l'œuvre résume à lui seul l'intrigue du récit. Cela n'est pas anodin, car l'auteur met ainsi en évidence sa marginalité et son refus de l'écriture traditionnelle. Cela s'observe tout au long de la pièce, notamment dans la structure et tout particulièrement dans le début de l'œuvre. En effet, Ionesco, à l'instar d'autres auteurs du théâtre de l'absurde, s'emploie à démonter la linéarité de son texte.

L'auteur, en représentant la mort d'un personnage, outrepasse le récit d'un destin ; il montre le cheminement de chacun vers la chute que nous connaitrons tous.

Pour aller plus loin dans votre étude de l'œuvre, consultez aussi :

- le commentaire sur le dénouement dans *Le roi se meurt*
- la fiche de lecture sur *Le roi se meurt*

Découvrez également de nombreux autres documents téléchargeables en quelques clics sur lepetitlittéraire.fr !

QUESTIONNAIRE

1. Questionnaire à choix multiple.

    a) Combien le roi a-t-il de femmes ?
       - Une
       - Deux
       - Trois

    b) Quels sont les autres métiers du médecin ?
       - Jardinier et infirmier
       - Prêtre et premier ministre
       - Bourreau et astrologue

    c) Combien d'habitants y a-t-il dans le royaume ?
       - 9 milliards
       - 1 milliard
       - 10 millions

    d) Quel animal inspire au roi un monologue nostalgique ?
       - Un gros chien noir
       - Un petit chat roux
       - Un gros lapin blanc

    e) Quelle est sa femme préférée ?
       - Marguerite
       - Marie
       - Juliette

2. À l'aide d'un tableau, comparez le personnage de Marie et celui de Marguerite, dans leur apparence et leur réaction face au roi et à sa mort prochaine.
(15 lignes)

3. Décrivez les réactions successives du roi face à l'annonce de sa mort.
(25 lignes)

4. Quel est le décor suggéré par Ionesco ? Comment et pourquoi change-t-il durant la pièce ? Et quel effet de lumière l'auteur demande-t-il pour la scène finale ? Qu'est-ce que cela symbolise ?
(15 lignes)

5. Par quels détails peut-on dire que cette pièce appartient au théâtre de l'absurde ?
(15 lignes)

6. « Le but de notre carrière est la mort. […] Le remède du vulgaire c'est de n'y penser pas. » (MONTAIGNE, *Essais*, Livre I, chapitre 20) En quoi cette citation s'applique-t-elle à la pièce ? Quel personnage en particulier partage la position de Montaigne (écrivain français, 1533-1592) face à la mort ?
(15 lignes)

7. Que symbolise le personnage du médecin ?
(15 lignes)

8. Relevez les aspects humoristiques de la pièce.
(15 lignes)

9. Le titre premièrement envisagé par Ionesco était *La Cérémonie*. Pouvez-vous, en vous appuyant sur la scène finale, expliquer pourquoi ?
(15 lignes)

10. À quels personnages historiques le roi est-il assimilé ? Pourquoi ?
(15 lignes)

CORRIGÉ

1. Questionnaire à choix multiple :

    a) Combien le roi a-t-il de femmes ?
    - Une
    - **Deux**
    - Trois

    b) Quels sont les autres métiers du médecin ?
    - Jardinier et infirmier
    - Prêtre et premier ministre
    - **Bourreau et astrologue**

    c) Combien d'habitants y a-t-il dans le royaume ?
    - **9 milliards**
    - 1 milliard
    - 10 millions

    d) Quel animal inspire au roi un monologue nostalgique ?
    - Un gros chien noir
    - **Un petit chat roux**
    - Un gros lapin blanc

    e) Quelle est sa femme préférée ?
    - Marguerite
    - **Marie**
    - Juliette

2. À l'aide d'un tableau, comparez le personnage de Marie et celui de Marguerite, dans leur apparence et leur réaction face au roi et à sa mort prochaine.

Marie	Marguerite
Elle est décrite comme attrayante ; elle porte des bijoux, une couronne, un manteau de pourpre.	Elle est moins coquette que Marie, ne porte aucun bijou sauf une couronne, d'après une réplique du roi.
Elle pleure constamment à l'idée de la mort prochaine du roi et évoque souvent leur amour mutuel.	Elle a peu de pitié pour le roi, sauf dans la scène finale. Elle s'impatiente face à son apitoiement sur lui-même.
Elle encourage le roi à refuser de mourir par la force de sa volonté, puis elle l'enjoint à y penser le moins possible, à fuir dans le moment présent.	Elle encourage le roi à accepter sa mort, à ne pas la combattre, à se détacher des regrets pour lui faire face sereinement.
Marie représente les plaisirs auxquels le Roi n'arrive pas à renoncer.	Marguerite représente la discipline, la rigueur nécessaire pour faire face à la mort. Le roi lui préfère Marie, mais c'est Marguerite qui pourra accompagner ses derniers instants.

3. Décrivez les réactions successives du roi face à l'annonce de sa mort.

Lorsque la pièce commence, le roi ne sait pas qu'il va mourir. Il se plaint de sa mauvaise santé, mais imagine sa mort encore lointaine. Après l'annonce de son état par Marguerite et le médecin, il passera par différentes phases, qui ne sont pas toujours clairement distinctes :

- le refus : il argüe de sa bonne santé, déclare que le déclin du royaume n'est qu'un passage à vide temporaire et tente de prouver qu'il est encore vaillant ;
- la peur et la colère : il alterne ensuite entre les solutions désespérées (demander à un autre de mourir à sa place, demander au temps de

s'arrêter), et la colère face à la brièveté de la vie et envers ses parents qui lui ont donné la vie mais non l'immortalité ;
- première admission : le roi commence à admettre sa mort prochaine et espère rester dans le souvenir de tous les êtres vivants, puis il semble ensuite régresser, implorant le soleil de tuer tout le monde, pourvu qu'il reste ;
- invocation des morts passés : il demande, avec ses proches, l'aide de tous ceux morts avant lui pour accepter la mort avec dignité ;
- « Avant-dernier sursaut », selon le médecin : il tente encore de se lever, d'effectuer quelques actions, et s'émerveille devant la vie banale et fatigante de la servante Juliette ;
- indécision face à l'après : il ne sait pas s'il veut que tout meure avec lui ou que tout reste pour porter son souvenir ;
- les regrets : il évoque sa relation avec Marie à l'imparfait et ses souvenirs s'estompent, mais il s'attendrit encore sur son petit chat roux, mort avant lui ;
- le détachement : Marie, le garde, Juliette, puis le médecin disparaissent tour à tour – d'après Marguerite, c'est parce que le roi souhaite inconsciemment se détacher de ses liens terrestres ;
- résignation : guidé par Marguerite, son discours se réduit à quelques mots (surtout « moi », qu'il bégaie sans cesse) et il disparait – à bout de force, il se résigne plus qu'il n'accepte véritablement la mort.

De cette succession de réactions sont notablement absentes l'acceptation digne et courageuse, et la satisfaction d'une vie bien remplie. Le roi ne se comporte pas comme un héros de tragédie ; la mort en fait un être banal, apeuré, pareil à tous les hommes.

4. Quel est le décor suggéré par Ionesco ? Comment et pourquoi change-t-il durant la pièce ? Et quel effet de lumière l'auteur demande-t-il pour la scène finale ? Qu'est-ce que cela symbolise ?

Le décor est constitué d'une salle de trône (où se trouvent les trônes du roi et des reines) avec deux fenêtres et plusieurs portes. Elle est « *vaguement délabrée, vaguement gothique* » ; il y a donc un aspect médiéval, mais qui ne doit jamais occulter la portée universelle de l'œuvre. Le décor ne change pas pendant la pièce. Par contre, l'aspect « *délabré* » s'intensifie : une fissure dans le mur s'élargit et d'autres apparaissent ; un pan de mur peut même s'effondrer ou s'effacer. À la fin, le décor disparait en même temps que le roi et sert donc à illustrer l'adéquation, souvent évoquée dans le dialogue, entre ce dernier et son royaume. Plus la santé du roi décline, plus la salle du trône tombe en ruine.

D'après les didascalies, ne doit rester sur scène après la disparition du roi et de son trône dans la brume qu'une « *lumière grise* ». C'est intéressant quant à l'interprétation de l'au-delà. Si la scène avait été plongée dans le noir, on aurait pu y voir une représentation du néant après la vie, et donc une dimension athée ; si la lumière s'était intensifiée, on aurait pu imaginer le roi sauvé par Dieu, accueilli dans un royaume divin. Ici, la lumière grise laisse planer le doute : il y a peut-être quelque chose après la mort, mais nul ne sait quoi.

5. Par quels détails peut-on dire que cette pièce appartient au théâtre de l'absurde ?

En un sens, le sujet de la pièce est le summum de l'absurde : l'être humain vient au monde pour y mourir. L'attitude du roi, désemparé face à l'inéluctable, incarne bel et bien la condition humaine telle qu'elle est représentée dans le théâtre de l'absurde.

On ne peut pas dire, cependant, que le langage soit particulièrement incompréhensible ou illogique comme c'est le cas dans d'autres pièces de Ionesco (notamment *La Cantatrice chauve*). Si le roi ne comprend pas ce que lui dit Marguerite, ce n'est pas parce qu'il ne peut pas, mais parce qu'il ne veut pas.

Mais le refus du réalisme propre au théâtre de l'absurde est quant à lui bien présent, surtout dans la description du royaume, qui semble parfois englober l'univers tout entier, ou au moins, avec ses neuf milliards d'habitants, la Terre entière. En outre, ce royaume meurt avec le roi, par des catastrophes naturelles, des trous qui apparaissent dans le sol, un territoire qui rétrécit de lui-même. Tout aussi spectaculaire est le pouvoir du roi : il peut commander au soleil de se lever, aux têtes de tomber, tout cela en n'apparaissant pas particulièrement divin (il a froid, a besoin de pantoufles, etc.).

6. « Le but de notre carrière est la mort. [...] Le remède du vulgaire c'est de n'y penser pas. » (MONTAIGNE, *Essais*, Livre I, chapitre 20) En quoi cette citation s'applique-t-elle à la pièce ? Quel personnage en particulier partage la position de Montaigne face à la mort ?

Le roi sait depuis longtemps qu'il va mourir, mais il a refusé d'y penser ; il préférait faire la fête avec Marie, qui supplie d'ailleurs Marguerite et le médecin de le laisser dans l'ignorance jusqu'au bout. Mais c'est une mauvaise solution, car elle laisse le roi désemparé, terrifié face à la perspective de sa propre fin, pourtant connue de longue date. Tout en illustrant la théorie de Montaigne, Ionesco montre à quel point l'époque moderne est en crise face à la mort. Marie incarne ce refus obstiné de la fin, ce refuge dans l'instant présent ; elle refuse même de parler au roi de sa propre mort, même si elle est inéluctable. La mort est l'un des derniers tabous de notre société.

Marguerite, dans son implacable rigueur, se fait quant à elle l'écho de Montaigne : « Tu étais condamné, il fallait y penser dès le premier jour, et puis, tous les jours, cinq minutes tous les jours. [...] Puis dix minutes, un quart d'heure, une demi-heure. C'est ainsi que l'on s'entraîne. » (p. 54) Pour elle comme pour Montaigne, il faut apprivoiser la mort, ne jamais la perdre de vue. C'est le seul moyen de se débarrasser de l'angoisse qu'elle inspire.

7. Que symbolise le personnage du médecin ?

Le médecin symbolise une autre facette de l'attitude moderne face à la mort. En effet, de nos jours, les gens meurent souvent à l'hôpital, entourés de médecins, et le décès est un fait clinique avant tout. Par conséquent, les rituels accompagnant la mort se réduisent.

Le médecin représente également le facteur principal du déni moderne de la mort : les progrès de la médecine. En effet, l'espérance de vie s'allonge et des maladies autrefois mortelles n'inquiètent plus personne en Occident. En 1962, quand la pièce a été créée, les progrès scientifiques semblaient ne pas avoir de limites. Les gens pouvaient ainsi penser que la médecine allait un jour vaincre la mort. Le médecin annonce d'ailleurs : « ils sont aussi en train de fabriquer les élixirs de l'immortalité » (p. 100), et le roi enrage que celui-ci ne les ait pas inventés à temps pour lui.

Mais le médecin soutient Marguerite dans ses efforts pour raisonner le roi ; il fait donc également office de bourreau. Quels que soient les progrès de la médecine, elle n'arrachera pas l'homme au cycle de la vie.

8. Relevez les aspects humoristiques de la pièce.

Le théâtre de l'absurde mêle généralement tragédie et comédie, car la situation de l'homme, sur laquelle il se propose de réfléchir, mêle les deux. Ainsi *Le roi se meurt*, malgré ses décors et surtout son personnage principal – un roi –, typiques de la tragédie, fourmille d'éléments comiques. Dans les répliques, tout d'abord : Marguerite ne cesse de tourner en dérision le désespoir du roi qu'elle juge banal. Elle-même n'est pas à l'abri des railleries de Juliette, la servante, qui la trouve parfois « pompeu[se] » (p. 21). Les tentatives du roi pour se prouver qu'il peut encore vivre et l'égoïsme dont il fait preuve peuvent attendrir ou faire rire, selon l'empathie qu'on éprouve pour le protagoniste et sa situation. Le personnage du garde introduit également souvent une pointe d'humour dans les situations. Bien qu'il ait aussi droit à des passages émouvants, comme celui où il rappelle tout ce que le roi a accompli durant sa vie, la plupart de ses répliques sont précédées de la didascalie « *annonçant* ». Ainsi le travail du garde semble être d'« annoncer » à la cantonade ce qui se passe dans la salle du trône, soulignant les tergiversations du roi, comme lorsqu'il ne sait pas s'il veut que tout reste ou que tout parte après sa mort. Ses bulletins de santé peu flatteurs doivent être interdits par Marguerite. Surtout, il déclame des phrases sans importance pour le royaume, comme : « la littérature soulage un peu le Roi » (p. 78) ou « le charme de la reine Marie ne joue plus beaucoup sur le Roi » (p. 98), transformant les derniers moments privés du monarque en un spectacle de Grand-Guignol.

9. Le titre d'abord envisagé par Ionesco était *La Cérémonie*. Pouvez-vous, en vous appuyant sur la scène finale, expliquer pourquoi ?

Comme évoqué plus haut, les rituels entourant la mort ont tendance à s'amenuiser, donnant la fausse impression que celle-ci est moins présente dans notre société. Par réaction, *Le roi se meurt* est parcouru de rituels divers : dès que le roi commence à admettre sa mort prochaine, il implore avec Marie le temps pour qu'il s'arrête (le garde annonce d'ailleurs à cette occasion : « La cérémonie commence ! », p. 51). Ensuite, tous les personnages participent à l'invocation des morts passés (p. 79) pour qu'ils apportent au roi la force nécessaire pour faire face à la mort.

Le dernier face à face entre Marguerite et le roi démontre l'utilité des rituels pour permettre aux mourants comme à leurs proches d'accepter la mort. Cette dernière cérémonie n'est pas dénuée d'accent religieux ; mais bien qu'Ionesco soit chrétien orthodoxe, Marguerite fait plutôt office de lama bouddhique. En effet, dans les rituels tibétains, celui-ci aide le mourant à renoncer aux tentations terrestres. Elle aide d'ailleurs le roi à s'assoir sur son trône, car la position assise est celle de la mort au Tibet (et non couchée comme en Occident). Toutefois, Ionesco ne se départit pas totalement de la doctrine chrétienne : il est difficile de ne pas trouver dans les sentiments évoqués à propos de la mort des échos des sermons de Bossuet (évêque et écrivain français, 1627-1704), qui sont, après tout, des oraisons funèbres. Peu importe finalement la religion utilisée ; ce qui compte, c'est la présence d'un rite pour accompagner le défunt dans son dernier voyage et permettre aux proches de faire leur deuil.

10. À quels personnages historiques le roi est-il assimilé ? Pourquoi ?

Le roi qui se meurt, c'est tout le monde et personne ; son drame est celui de chacun. Pourtant, par ses pouvoirs, par l'étendue de son royaume, par son âge (il est plusieurs fois centenaire), il pourrait être le roi de l'univers. Ionesco prend plaisir à lui attribuer les découvertes des autres : il a découvert le feu (tel Prométhée), créé la forge (tel Vulcain), inventé le ballon (comme les frères Montgolfière), les avions, le chemin de fer, la voiture, la tour Eiffel, etc. Il est donc seul responsable du progrès technique de l'humanité. C'est également lui qui a écrit les œuvres d'Homère (poète épique grec, vers le VIIe siècle av. J.-C.) et de Shakespeare (dramaturge anglais, 1564-1616) : on lui doit le patrimoine culturel mondial. Cependant, il ne faut pas croire que le roi est pour autant le bienfaiteur de l'humanité, dont la peur face à la mort serait la seule faiblesse.

Bien moins évidentes sont les allusions faites aux tyrans, en particulier ceux qui sont encore dans les mémoires : ainsi le roi mentionne qu'auparavant, les handicapés de son royaume étaient tués, allusion aux tristes pratiques nazies. Le médecin, qui est également bourreau, pratique l'exécution par injection létale ; c'est pour cela que le roi refuse les piqures. La première réaction de celui-ci face à l'annonce de sa mort est de vouloir condamner quelqu'un d'autre à sa place : il veut faire tomber la tête du garde pour prouver qu'il est encore vaillant et supplie une dernière fois le soleil de tuer l'humanité entière, pourvu qu'il survive. Sa lâcheté et son égoïsme sont plutôt ceux qui caractérisent le dictateur dans sa chute. Cela sert peut-être de mise en garde d'Ionesco à ces tyrans qu'il a connus pour avoir dû fuir la Roumanie à l'accession d'Antonescu (maréchal et homme d'État roumain, 1882-1946) au pouvoir. Quels que soient les pouvoirs qu'un homme peut accumuler, il ne se place jamais au-dessus de toutes les lois. La mort reste la sanction à laquelle personne n'échappe.

Retrouvez notre offre complète sur lePetitLittéraire.fr

- des fiches de lectures
- des commentaires littéraires
- des questionnaires de lecture
- des résumés

ANOUILH
- Antigone

AUSTEN
- Orgueil et Préjugés

BALZAC
- Eugénie Grandet
- Le Père Goriot
- Illusions perdues

BARJAVEL
- La Nuit des temps

BEAUMARCHAIS
- Le Mariage de Figaro

BECKETT
- En attendant Godot

BRETON
- Nadja

CAMUS
- La Peste
- Les Justes
- L'Étranger

CARRÈRE
- Limonov

CÉLINE
- Voyage au bout de la nuit

CERVANTÈS
- Don Quichotte de la Manche

CHATEAUBRIAND
- Mémoires d'outre-tombe

CHODERLOS DE LACLOS
- Les Liaisons dangereuses

CHRÉTIEN DE TROYES
- Yvain ou le Chevalier au lion

CHRISTIE
- Dix Petits Nègres

CLAUDEL
- La Petite Fille de Monsieur Linh
- Le Rapport de Brodeck

COELHO
- L'Alchimiste

CONAN DOYLE
- Le Chien des Baskerville

DAI SIJIE
- Balzac et la Petite Tailleuse chinoise

DE GAULLE
- Mémoires de guerre III. Le Salut. 1944-1946

DE VIGAN
- No et moi

DICKER
- La Vérité sur l'affaire Harry Quebert

DIDEROT
- Supplément au Voyage de Bougainville

DUMAS
- Les Trois Mousquetaires

ÉNARD
- Parlez-leur de batailles, de rois et d'éléphants

FERRARI
- Le Sermon sur la chute de Rome

FLAUBERT
- Madame Bovary

FRANK
- Journal d'Anne Frank

FRED VARGAS
- Pars vite et reviens tard

GARY
- La Vie devant soi

GAUDÉ
- La Mort du roi Tsongor
- Le Soleil des Scorta

GAUTIER
- La Morte amoureuse
- Le Capitaine Fracasse

GAVALDA
- 35 kilos d'espoir

GIDE
- Les Faux-Monnayeurs

GIONO
- Le Grand Troupeau
- Le Hussard sur le toit

GIRAUDOUX
- La guerre de Troie n'aura pas lieu

GOLDING
- Sa Majesté des Mouches

GRIMBERT
- Un secret

HEMINGWAY
- Le Vieil Homme et la Mer

HESSEL
- Indignez-vous !

HOMÈRE
- L'Odyssée

HUGO
- Le Dernier Jour d'un condamné
- Les Misérables
- Notre-Dame de Paris

HUXLEY
- Le Meilleur des mondes

IONESCO
- Rhinocéros
- La Cantatrice chauve

JARRY
- Ubu roi

JENNI
- L'Art français de la guerre

JOFFO
- Un sac de billes

KAFKA
- La Métamorphose

KEROUAC
- Sur la route

KESSEL
- Le Lion

LARSSON
- Millenium I. Les hommes qui n'aimaient pas les femmes

LE CLÉZIO
- Mondo

LEVI
- Si c'est un homme

LEVY
- Et si c'était vrai…

MAALOUF
- Léon l'Africain

MALRAUX
- La Condition humaine

MARIVAUX
- La Double Inconstance
- Le Jeu de l'amour et du hasard

MARTINEZ
- Du domaine des murmures

MAUPASSANT
- Boule de suif
- Le Horla
- Une vie

MAURIAC
- Le Nœud de vipères

MAURIAC
- Le Sagouin

MÉRIMÉE
- Tamango
- Colomba

MERLE
- La mort est mon métier

MOLIÈRE
- Le Misanthrope
- L'Avare
- Le Bourgeois gentilhomme

MONTAIGNE
- Essais

MORPURGO
- Le Roi Arthur

MUSSET
- Lorenzaccio

MUSSO
- Que serais-je sans toi ?

NOTHOMB
- Stupeur et Tremblements

ORWELL
- La Ferme des animaux
- 1984

PAGNOL
- La Gloire de mon père

PANCOL
- Les Yeux jaunes des crocodiles

PASCAL
- Pensées

PENNAC
- Au bonheur des ogres

POE
- La Chute de la maison Usher

PROUST
- Du côté de chez Swann

QUENEAU
- Zazie dans le métro

QUIGNARD
- Tous les matins du monde

RABELAIS
- Gargantua

RACINE
- Andromaque
- Britannicus
- Phèdre

ROUSSEAU
- Confessions

ROSTAND
- Cyrano de Bergerac

ROWLING
- Harry Potter à l'école des sorciers

SAINT-EXUPÉRY
- Le Petit Prince
- Vol de nuit

SARTRE
- Huis clos
- La Nausée
- Les Mouches

SCHLINK
- Le Liseur

SCHMITT
- La Part de l'autre
- Oscar et la Dame rose

SEPULVEDA
- Le Vieux qui lisait des romans d'amour

SHAKESPEARE
- Roméo et Juliette

SIMENON
- Le Chien jaune

STEEMAN
- L'Assassin habite au 21

STEINBECK
- Des souris et des hommes

STENDHAL
- Le Rouge et le Noir

STEVENSON
- L'Île au trésor

SÜSKIND
- Le Parfum

TOLSTOÏ
- Anna Karénine

TOURNIER
- Vendredi ou la Vie sauvage

TOUSSAINT
- Fuir

UHLMAN
- L'Ami retrouvé

VERNE
- Le Tour du monde en 80 jours
- Vingt mille lieues sous les mers
- Voyage au centre de la terre

VIAN
- L'Écume des jours

VOLTAIRE
- Candide

WELLS
- La Guerre des mondes

YOURCENAR
- Mémoires d'Hadrien

ZOLA
- Au bonheur des dames
- L'Assommoir
- Germinal

ZWEIG
- Le Joueur d'échecs

Et beaucoup d'autres sur lePetitLittéraire.fr

© lePetitLittéraire.fr, 2014. Tous droits réservés.

www.lepetitlitteraire.fr

ISBN version imprimée : 978-2-8062-6100-7
ISBN version numérique : 978-2-8062-3446-9
Dépôt légal : D/2014/12603/322

Conception numérique : Primento,
le partenaire numérique des éditeurs